CARICIAS AL ALMA

UN ENCUENTRO CON TU SENTIR

Ana Lilia Sosa Molina

EDIQUID

CARICIAS AL ALMA
Un encuentro con tu sentir
© Ana Lilia Sosa Molina

Editado por: Corporación Ígneo, S.A.C.
para su sello editorial Ediquid
Av. Arequipa 185 1380, Urb. Santa Beatriz. Lima, Perú
Primera edición, octubre, 2021

ISBN: 978-612-5042-28-6
Impresión bajo demanda
Hecho el Depósito Legal en la Biblioteca Nacional del Perú N° 2021-11017
Se terminó de imprimir en octubre de 2021 en:
ALEPH IMPRESIONES SRL
Jr. Risso Nro. 580 Lince, Lima

www.grupoigneocom
Correo electrónico: contacto@grupoigneo.com
Facebook: Grupo Ígneo | Twitter: @editorialigneo | Instagram: @grupoigneo

Reservados todos los derechos. El contenido de esta obra está protegido por leyes de ámbito nacional e internacional, que establecen penas de prisión y/o multas, además de las correspondientes indemnizaciones por daños y perjuicios, para quienes reprodujeren, plagiaren, distribuyeren o comunicaren públicamente, en todo o en parte, una obra literaria, artística o científica, o su transformación, interpretación o ejecución artística fijada en cualquier tipo de soporte o comunicada a través de cualquier medio, sin la preceptiva autorización.

Ilustración de portada: Tláloc Celerino Toral Aguilera
Diseño de portada: Susana Santos
Corrección: Alicia Aldrete Haas
Diagramación: Carina Falcone
Colección: Integrales

ÍNDICE

Introducción 7
Un paseo por el transformado jardín 11
Contrastes 13
Las ramas del árbol 14
Detrás de ti 16
La flecha de la unilateralidad 17
Eclipse 18
Los juegos de la mente 19
En mis pensamientos 21
La magia de los sentidos 22
Las miradas 24
El sube y baja de las emociones 26
Limitas mi alma 28
El semáforo sensorial 29
Nuestra luna 31
Coincidir en el estrecho camino 32
Quisiera 34
La distancia obligada 35
¡Qué tormento! 37
El cruce por la indiferencia 38
Quiero 40
El alimento del alma 41
Raíces de amor 43
Destellos nocturnos 45
Seducción 47
Las mañanas vacías 48
Sentirte cerca 50
La gigantesca manguera oscura 51
Tu partida 53
Tocando las estrellas 54
Tu resplandor 56

Recopilaciones 57
Vocabulario 62
Referencias bibliográficas 64

INTRODUCCIÓN

A lo largo de la vida atravesamos diversos episodios que nos llevan a un estado emocional de alegría, tristeza, coraje, orgullo o vanidad por sentirnos atrapados en momentos que compartimos con otras personas; ser parte de una sociedad nos da la oportunidad de relacionarnos poniendo en riesgo nuestro sentir, no por que represente un peligro, sino que al conocer a personas ajenas al círculo próximo cotidiano nos permite admirar su belleza física —el primer contacto que tenemos a través de la vista—, posteriormente al trato, que se acompaña de agrado o aversión bien porque sus maneras de ser nos sean compatibles o sencillamente identificamos que no hay aspectos similares a los nuestros, así el conjunto de emociones se encuentran a flor de piel —por decir algo— llevándonos de un lado a otro mientras descubrimos lo que es en realidad, entonces podemos hablar de un chispazo de emoción, un flechazo, un enamoramiento, hasta un amor a primera vista.

Según la mayoría de estudios realizados a parejas en la ciencia de la Psicología con la finalidad de analizar si es amor lo que sienten cuando están juntos, consideran que pasados de 12 a 18 meses de tratos frecuentes se enfrentan a la cruda realidad de volcarse en un ambiente rutinario, contrario a lo que fuera en sus primeros encuentros, en los que prevalecen acciones envueltas de ternura, atenciones, detalles, cariños, etc.; esto sucede porque empiezan a experimentar diversos cambios de comportamiento según las circunstancias por las que atraviesen, lo cual genera en alguna de las dos partes un desagrado por las reacciones, una decepción en las actitudes nuevas que refleja, hasta el punto de que ya no exista la emoción de querer estar todo el tiempo juntos.

Caso contrario, si no sucede significa que continúan despertando uno al otro esas emociones que aunque pasen por ciertos desacuerdos logran equilibrar sus acciones para no romper con la armonía de su relación, siendo tolerantes mutuamente, cultivando empatía por lo que se vive, encontrando el lado positivo a lo que les sucede juntos; no perciben sus miradas apagadas o sin brillo, porque para ellos permanece el sentimiento que reconocieron desde un principio, encontrándose así en un verdadero amor.

En otras situaciones, al inicio de conocerle mantenemos una ilusión por verle cada día, mostramos interés en nuestro arreglo personal para gustarle más, somos atentos/as, cada amanecer despertamos con esa sensación de un cosquilleo en el estómago, una respiración profunda, como comúnmente decimos sentimos mariposas en el estómago, suspiramos con frecuencia, y si tenemos una imagen o fotografía la miramos todo el tiempo posible.

En algunas relaciones ya consolidadas con años de respaldo, podrían no exentarse de que el fuego de su amor se apague, preso de la rutina, de las obligaciones laborales, asfixiante, oscuro, obligado, inevitable la posibilidad de mirar el esplendor en otros ojos, revelando el impacto que se tiene ante una nueva luz en otras bellezas.

Hay amores que siendo ambos del mismo género se sienten atrapados en las formas mágicas de los propios reflejos, denotando características físicas, sentimentales, sensoriales, con una inspiración excepcional que les imprime un sello particular.

Aunque el amor es un tema muy amplio, incluso sorpresivo, para algunos pone en el camino a personas que tienen un nexo familiar, y como tal es un sufrimiento extra a lo imaginado, porque independientemente a descubrirlo durante la relación, un cúmulo de preguntas se hacen presentes en la mente, generando enfado con la familia, hasta estrés emocional.

Mas todo esto es lo que nos mueve como seres humanos, nos hace vibrar, nos envuelve en su magia, nos atrapa y por ello pasamos por diversas sensaciones en la espera del afamado amor, no todos correspondidos; hay casos en los que solo se vuelve un gusto físico ya que ni siquiera hemos cruzado palabra alguna con esa persona, sin embargo, en nuestro interior para nosotros es especial, tiene un valor incalculable. Otros amores más se perdieron en el transcurso de la relación, alguno cambió de rumbo por sí mismo, o alguien más llegó antes de consolidar con firmeza la relación de pareja, también para quienes su amor partió antes dejando un vacío amargo lleno de heridas profundas, que tardan un tiempo considerable en sanar.

Esto obedece a brindar una palabra que alimente el alma en cada caso, dentro de la gran diversidad de formas de amar, donde todas tienen un valor intrínseco para cada uno, porque en las cosas del corazón —coloquialmente hablando— todas son maravillosas.

Caricias al alma es un libro en el que podemos percibir que una emoción embarga nuestro sentir, donde nuestros recuerdos vendrán de inmediato a la mente, trayendo consigo a esa persona especial, aquella que en algún episodio de nuestra vida compartió, se adentró al fondo del corazón, construyó la portada, algún capítulo o serie de ellos, e inclusive hasta el libro completo a nuestro lado. Sin duda, cada caricia al alma representa un sentirse importante para sí mismos, para acrecentar el amor propio, consecuentemente para halagar a quien mirar nos produce un enorme placer.

UN PASEO POR EL TRANSFORMADO JARDÍN

A veces quisieras ser un colibrí para tener la libertad de tocar cada flor de los jardines más bellos que hay en tu entorno, deleitarte con los colores que los ambientes naturales ofrecen, y solo de pensarlo te provoca la emoción de lo estupendo que te hace sentir esa soltura de movimiento, en la que ir de un lado a otro produce tal dicha que te devuelve alegría.

Durante un tiempo puedes llegar a considerar que tu vida se encuentra dentro de un cajón con muy limitadas vivencias, todas las que tienes están en una sola dirección, encaminadas a formar parte de un mecanismo cual fuera un circuito que hay que cumplir a diario (levantarte, asear tu cama, arreglarte, desayunar, ir al trabajo, regresar a casa, checar algunos pendientes para la siguiente jornada, merendar e ir a dormir); entonces, todo esto es lo que termina consumiendo tu existir, llevándote del lado de la rutina, aunado —y triste decirlo— a pesar de que tengas pareja el resultado es similar.

En el afán por sobrevivir dentro de tu relación sentimental, los agentes externos dominan mucho más que mantenerse el uno al otro en halagos que te permitan saber que tienes la misma importancia de cuando iniciaron su noviazgo, en aquellos tiempos en los que todo lo que giraba a su alrededor eran detalles prodigados con frecuencia que engrandecían el corazón.

Lamentablemente, el tiempo deja estragos en las personas cuando hacen a un lado a su pareja para darle mayor atención a las actividades que ayudan a conseguir aquellos servicios e insumos que hacen que se tenga una mejor calidad de vida, y así, lo que era relevante pasa a segundo o tercer plano; si las palabras motivadoras ya no están presentes, qué se puede esperar de las caricias, desaparecen junto con los besos, donde todo ese conjunto de detalles que como pareja mantienen fresca la camaradería cotidiana se extingue, trasladándote a un agujero negro que no tiene un solo orificio que te muestre una salida, en busca de al menos un pequeñito rayo de luz.

En otras palabras, la decepción toma un lugar en tu relación, algo similar a un desencanto donde observas conductas que están fuera de tus expectativas con esa persona, suele suceder porque tendemos a idealizar a los demás conforme queremos que sean para con nosotros; si esto no es una realidad te provoca desagrado o te genera un punto de molestia, puesto que sus maneras son tan escasas que mantienes un pesar.

Es como ver el cambio de las estaciones en los parques, jardines y bosques con tan bellos colores en un ambiente cálido, rodeado de detalles vistosos propios de la primavera, los diversos follajes y hasta con el cántico de los pájaros, cuando pasan los meses se transforman en tibios colores que ahora reflejan tristeza, los árboles solo tienen ramas secas, los complementos de la naturaleza confabulan a favor del desengaño; lo que un día fue una lluvia de amor, otro tan solo es un viento frío, cuando los ramilletes de atenciones abundaban para hacerte sentir un ángel adorado, otros días tan solo alcanzaron el saludo matutino sin la presencia intrínseca de la esencia de quien alguna vez te enamoró.

CONTRASTES

Un día tu rostro se torna lúcido por creer que es amor,
lo que descubres que al anochecer solo fue embeleso
ante una cálida sonrisa, pero un corazón vacío.

Eres risa de invierno, porque en la primavera
su candor se consumió a la espera de una mirada serena y
profunda.

Unas veces alegre, otras veces triste,
unas veces serena, otras veces irritada,
tu alma que te acompaña, siempre se transforma
al paso de los días, porque al final se vuelve presa de las
cotidianeidades de quienes te rodean.

Si eras jilguero de todos los árboles,
ahora solo te has convertido
en un sastrecillo de un solo tronco.

Te enamoras de la rosa de mayo porque la de abril
se ha marchitado a través del tiempo,
tanto que ha perdido su brillo y resplandor.

LAS RAMAS DEL ÁRBOL

Hay ocasiones en que pareciera una escena extraída de una obra ficticia, donde hasta lo inimaginable sucede, consideramos que por mirarlo en otras áreas creadas fantásticamente, en la vida real no acontecerá. Para nuestra sorpresa, es muy viable por el hecho de habitar una misma esfera terrestre a pesar de las largas distancias que nos separan entre un lugar a otro, con sus variados paisajes, cada uno con su propia cultura, con su particular idioma, se puede llegar a dar un encuentro glorioso entre dos personas que están relacionadas familiarmente aun cuando ninguno de los dos tenga conocimiento de dicho nexo, por ello se enfatiza que la persona conocida es fuera de serie, algo excepcional, súper agradable, que por no estar dentro del mismo círculo de amistades o habitando la misma ciudad tiene otros modales que lo resaltan de lo ya conocido, y en nuestro cerebro elevamos sus actitudes a la máxima potencia, enaltecemos sus formas de trato, permitimos que el contacto ahonde entre nuestros más profundos sentimientos.

Así que una vez acontecido el encuentro, el encanto los atrapa en aras de seguirse conociendo. Sería estulto que se perdiera esa gran oportunidad de mirar unos ojitos sensibles a la luz y fuertes para responder a sus encantos, y lo que al inicio solo fue colocarse en un mismo terreno, después se convierte en una agenda llena de citas para conocerse, responder a sus dudas, acrecentar una amistad dentro de un ambiente de coqueteos continuos como una confirmación de su gran atracción física que supera todas las barreras de haber crecido en distintos contextos, y así, poco a poco acoplarse a cada una de sus costumbres hasta concluir en una relación amorosa.

Conforme pasa el tiempo permitiendo la convivencia continua, se vuelve cada vez más emotivo, lo que les invita a dar el siguiente paso: concertar la primera cita que lleve a conocer a la familia, acceder a que cada uno de sus miembros opine sobre ambos, sentir el apoyo, sin dejar de lado la posibilidad de que exista aversión o agrado, gusto o decepción, soporte u oposición, tristeza o alegría; es un juego de azar que vivirlo te llena o te vacía el corazón.

DETRÁS DE TI

Te espero con la libertad de amarte en plenitud,
con un corazón desahogado del dolor infame,
de quienes la vanidad gana la partida
más que el amor.

Hoy te encuentro, veo en ti
la efigie de ese hombre, con toda la armadura puesta
para proteger a su doncella,
que al igual ha esperado cruzando
caminos enramados llenos de espinas.

Nos miramos, mutuamente reconocemos un mundo
de avidez detrás de cada uno,
un olvido, un dolor, una traición,
una gigantesca nube de soledad,
ahora solo un te quiero, un te necesito,
un ardiente deseo de rozarnos, es lo que
embarga en nuestros corazones.

Incertidumbre de llegar a una realidad
o simplemente una inquietante sensación de
saber que pudo acrecentarse,
tal vez ni siquiera un inicio
mas siempre seguro un final
más grave cuando al darnos cuenta
pertenecemos al mismo linaje
y eso nos separa irremediablemente.

LA FLECHA DE LA UNILATERALIDAD

Te mantienes a la espera de ese gran amor que pueda alimentar tu alma, te reservas para él/ella, para que cuando te lo indiquen tus emociones des el paso, te sientas cobijado/a, para caminar juntos con la ilusión de decirle adiós a la soledad que embarga tus espacios, que ha terminado por fastidiarte. De repente, la ocasión cuando le conoces, te atrapan sus ojos dulces y románticos, sumándole su figura estética, siendo esto mucho más de lo esperado, te envuelves en ese ambiente creando tu propio escenario, las señales emitidas las acomodas en el ámbito más deseado donde hay mayor carencia, simultáneamente crecen tus afectos permitiendo estar más cerca, creando un lazo afectivo que te hace sentir excelente día a día, increíble que ni siquiera tienes una convivencia continua con esa persona, pero en ti la semilla del amor comienza a germinar, así que la mayoría de tus pensamientos están dirigidos a recordarle con todas aquellas peculiaridades que se quedaron grabadas en tu cerebro.

Cuando logras darte cuenta de que tu amor es una confirmación del corazón, la incertidumbre ocupa un lugar en tu mente ya que desconoces si contrariamente tuvo el mismo efecto que en ti, te formulas preguntas queriendo encontrar las respuestas en cada acción, queriendo saber qué sucede al otro lado del telón, tan solo una palabra que sirva como aliciente para que tu corazón brinque de alegría queriendo adentrar en sus más profundos sentimientos, y que algún día te conceda la misma importancia que ahora le mantienes dentro de ti.

Sin embargo, es inquietante que mientras no tengas información que te brinde la seguridad de que inspiraste las mismas emociones, se convierte en una noche oscura que al parecer no tiene para cuándo amanecer, es muy fría y tus vacíos están de nuevo ahí contigo.

ECLIPSE

Incertidumbre saber
si estarás para mí,
en las mañanas
de primavera
o en las noches
de verano.

Si tus brazos
me esperan abiertos
o permanecen al natural
en su andar.

El bello brillo
de tus ojos
o tal vez su
opacidad ante el tiempo.

No sé si es tu sonrisa
fina o simplemente
tus labios tibios.

Si aún existe la calidez
en tu corazón
o un frío
casi congelante.

Lo único cierto es mi
angustia y con ella
mi tristeza.

LOS JUEGOS DE LA MENTE

Y qué otra manera de mantenerse con una ilusión que partiendo de los propios pensamientos; como seres humanos tendemos a crear mágicamente nuestro mundo interior, idealizamos cómo queremos que fluya a nuestro alrededor el conjunto de personajes con quienes tenemos alguna afección, quitamos, ponemos piezas donde sean justas para nosotros, armamos diálogos de cómo nos gustaría escuchar palabras halagadoras, se trata de una habilidad repetitiva del cerebro humano que en circunstancias de tristeza nos reconforta el espíritu, con ello podemos dejar de sentir tanto aislamiento cuando es pronunciado el tiempo que nos mantenemos sin pareja o amor alguno, o si llegamos a preguntarnos por qué no logramos hacer que alguien nos mire profundamente a través del cristal del amor para querer iniciar una relación con nosotros. Jugamos con nuestra mente a imaginar que ese gran amor llega un día, conociéndole en alguna tienda, un mercado, un café, un restaurante, un centro comercial, volvemos a la realidad y nos seguimos cuestionando: ¿dónde acudir para encontrar ahí la gran oportunidad?, ya que conocer a ese ser especial es un anhelo antiquísimo que solo quieres que se postre frente a ti para decirle desde tu propio silencio: ¡bienvenido a mi vida!, ¡te estaba esperando!

Con otro punto de vista, puede suceder que nos hemos clavado con alguna persona porque sus bellezas son sumamente perceptibles para nuestros sentidos, queriendo seguir disfrutando de las mismas al grado de que permitimos que exista acercamiento, que nos saludemos con frecuencia, que crezca el compañerismo para dar paso a una profunda amistad en la que cada vez que se convive se alimenta el gusto por los encantos del otro, reflejando el agrado mutuo, el pasarla bien juntos, disfrutando de diversos episodios que ponen en juego las formas de ser de cada uno; sin embargo, al transcurrir el tiempo surge la interrogante de que si las cosas van bien por qué no logra afianzarse directo a un noviazgo; ya que para ti la manera de relacionarse fluye armónicamente-- entonces por qué no puede concretarse, que todavía no te digan las palabras mágicas para iniciar una relación. Así que caemos a solo pensarle y guardar todo lo que representa en el mágico estuche de nuestro cerebro.

También puede pasarnos que esa persona que habite nuestros sueños esté muy lejos de convertirse en una realidad, las fantasías vienen una y otra vez a nuestra mente, nadie nos quita el gusto de mirar apasionadamente a alguien del medio artístico, que podría volverse hasta nuestro amor platónico, máxime porque actualmente hay diversos medios tecnológicos para apreciar su vida, sus fotografías, sus movimientos en un video o en un TikTok, dando como resultado que se adentre en nuestros pensamientos.

Podría atreverme a decir que, independientemente de las condiciones que tenga ese amor, el conjunto de situaciones que giran a su alrededor lo vuelven irrealizable, entonces, una densa nube lo lleva a un lugar elevado en el cielo.

EN MIS PENSAMIENTOS

Porque estás en mi corazón
te llamo con el pensamiento cada día más,
imagino tu silueta caminar hacia mí,
como aquel sueño hecho realidad,
donde tu mirada traspasa mis pupilas
y mi alegría se refleja en tu sonrisa,
indicándote cuanto te he esperado
para sentir tus manos acariciar mis mejillas,
en que en tu pecho regocija mi cabellera
que se inclina en ti, como símbolo de lealtad.

Luego miro alrededor y no estás,
ya ni siquiera entre las nubes,
mis ojos se abren a la luz del día,
nuevamente te pienso, te siento, te busco por doquier,
mas sé que no apareces, porque al final
solo estás en mis pensamientos,
en el lugar que decidí tenerte
porque alcanzarte es más lejos que mi caminar
al horizonte sin rumbo fijo.

LA MAGIA DE LOS SENTIDOS

Un primer contacto que tenemos con las personas inicia con el sentido de la vista, aquel que nos permite apreciar la belleza física, hacemos un escaneo completo de su cuerpo utilizando los más sutiles movimientos de los ojos, cuidamos que nuestra mirada no delate el lugar donde se detuvo algunos instantes, por ello no le imprimimos tanto brillo porque de lo contrario denotaríamos nuestro agrado, aunque por dentro nos decimos: ¡Qué mujer tan hermosa! ¡Qué hombre tan guapo!, levemente sonreímos cuando empiezan a escucharse las voces de ambos con un saludo atento para continuar con una amplia plática o una respuesta informativa necesaria.

Después, queda grabado en el recuerdo el conjunto de sus características físicas, el color de su cabello, la forma de sus cejas, la tonalidad de sus ojos, si un lunar llamativo imprime su rostro, la estatura como parte de su cuerpo, porque de este instante en adelante nos acompañará por doquier llenándonos de gran emoción; por eso es muy común que cuando alguien de la familia y/o amigos nos mire pueda descubrir una luz brillante en nuestros ojos acompañada de una sonrisa pícara, símbolo de nuestros pensamientos más recurrentes, los que hasta en la supuesta tranquilidad de las noches se vuelva un sueño muy agitado.

Se afirma, entonces, el papel tan importante que juegan nuestros sentidos; son la puerta que abrimos para dejar entrar humificado todo el ser de la persona que nos cautivó en un primer momento de encuentro, le permitimos al olfato que reconozca ese aroma que se impregnará en nuestra mente para sentirle cerca a cada instante, a los oídos que su voz tenga un eco que no termine ahogado con los ruidos de la calle, a las manos que su suavidad no se mezcle con las rugosas cosas que tocamos.

Y como todo comienza desde una mirada pausada por la impresión de sus atractivos físicos, esas miradas cobran un valor relevante para enviarle a nuestro cerebro las señales que activarán la hormona del amor u oxitocina, convirtiéndose en miradas que consumen todo el cuerpo llevándonos al éxtasis, miradas que derriten por el deseo ardiente de penetrar en sus sentimientos, miradas que congelan el lenguaje al más taciturno, miradas que rebasan el avorazado gusto por abrazarle, miradas que nos trasladan a recónditos lugares de pasión, interminables formas de mencionarlas, son miradas que dominan la voluntad.

LAS MIRADAS

Cuando tus ojos despiertan a una nueva luz del día,
te invaden pensamientos dispersos
el ser de tu hombre y el ser que se enamora,
respondiendo a las bellezas de la vida
donde tu corazón cambia su palpitar por un ritmo excitante,
tal vez temeroso por lo desconocido.

Por un lado tu mirada es firme, segura y sigilosa,
por el otro es una ráfaga de luz en el firmamento,
con esa chispa de entusiasmo envuelta en complicidad.

Después opacas la mirada para no descubrirte ante los demás,
pues si su luz es demasiado brillante el motivo no lo justifica,
que aunque quisieras que perdurara
te sabes ajeno a tener esa dicha.

Siendo en un ambiente pleno con toda la libertad
de tu propio ser,
tornas relucir la belleza de tu cuerpo, tu alma se fortalece y su
crecimiento es detonante en cada palabra,
aquella que ahora tiene
un sello de magia, con su audacia,
sobre todo con un amor sublime,
que acaricia la piel, vive en la mente, crece en el interior,
en donde tu corazón palpita al ritmo de mi corazón,
unificándose para cruzar un mismo camino.

Bendecidos de ternura, conservando una paz en cada
espacio compartido, porque consideramos que el disfrutarnos
es un presente que nos pertenece, una vez que hemos
descubierto que estamos en sintonía,
cuidándonos uno al otro cada día,
para corresponder mutuamente envolviéndonos
en una felicidad magnífica.
Entre sonrisa y sonrisa, con miradas
que inician un recorrido suave
por el rostro, nos acarician sin tocarnos,
nos besan en cada movimiento
con cánticos lúcidos indicándonos nuestros sentimientos;
conmocionados nos embargamos donde poco a poco se hace
presente un nerviosismo, cuando las miradas no se
desprenden ni un solo instante, entonces nuestros cuerpos
escondidos en una timidez,
experimentan cambios bioquímicos inhalando los deseos
de que juntos se fundan perdiéndose en un solo ser,
lleno de amor.

EL SUBE Y BAJA DE LAS EMOCIONES

Siendo el alma la esencia de la persona, sientes que te lastiman —por decirlo así— cuando alguien te rechaza, pero también es probable que solo sea una cuestión de no sentirse tan atraído/a por ti, o que le seas un tanto indiferente, lo que da como resultado que al principio se intimide con tu presencia, que se aleje, que te corte la vuelta para no empalmar contigo, igual y su supuesto rechazo solo sea un escudo protector por cuestiones de inseguridad, aunque en el fondo esté ansioso/a al querer dejarse acariciar por tus delicias, porque pueda estar viviendo en la rutina que termina aburriendo el acontecer de los días.

Es común mirar que empiece a existir un estira y afloja a los encuentros en los que se permita la convivencia, a veces sentir que están muy contentos cerca uno del otro, con un trato agradable incluyendo señales picarescas generando un ambiente de sana convivencia, donde la confianza te toma de la mano; no obstante, pueden existir otros instantes en los que al platicar pareciera que ni se conocen, o que en ningún momento han cruzado palabra, el hielo de la anticipada amistad no se rompe, es como si se hubiera detenido en el rincón más frío, resultando un cúmulo de dudas del porqué los cambios se dan tan repentinos a pesar de que han sonreído juntos, de los abrazos que ya se dieron ante la conmoción de algún suceso.

Concretamente, una barrera se hace presente puesto que ya no hay un diálogo fluido, no aparece ya en su rostro la fina sonrisa que iluminaba su mirar, ni siquiera el saludo es un gesto de cordialidad, y tus suspiros que viajaban hondamente al verle se quedaron pasmados en un intento por respirar hondo, tus pasos son titubeantes, ya no sabes hacia dónde ir ni qué camino elegir, solo una angustia se apodera de ti acompañada de un dolor en el pecho.

Ahora piensas que lo logrado se ha perdido, ofuscamiento y hasta desesperación acompañándote, cómo quitarte de encima tantos prejuicios que su silencio te han dejado, cómo acercarte ahora para que todo se torne en el ambiente que te envolvió de sus ternuras, cómo decirle que su actitud solo es el inicio de sus propias limitaciones, no como cuando se presentaba una bendición en una sonrisa, en una mirada, en un roce de manos, en una voz suave, en un andar coqueto, el poder intentarlo apenas sería la entrada al sendero del amor.

LIMITAS MI ALMA

Los límites son de tus pensamientos,
mas no de tus sentimientos.

Tratas de limitar mi alma, que mis palabras
no te acaricien porque sabes que serías
preso de sus placeres.

Intentas que me olvide de ti con tu ausencia,
encarcelando tu propio latir, para que
tus ideas no salgan a relucir.

Ahogas mi sentir con tu silencio,
sin saber que mi espíritu aprendió
a navegar en la soledad.

Susurras un te quiero con los límites
de tu propio pensamiento, para que tu
corazón no reconozca tu voz y no
altere tus emociones.

Y sigues intentando que en cada avatar
me olvide de lo surgido en mi interior
para que pueda volar a otro rumbo,
privándome de un poco de felicidad que sabes
que está en ti, que nada te quita y que sí te alimenta,
creyendo que limitando tus pensamientos
puedes limitar tus sentimientos.

EL SEMÁFORO SENSORIAL

Cómo duele que al conocer a ese hombre añorado, el día menos esperado, en circunstancias poco comunes, en un solo instante te desprenda tu mejor sonrisa, te haga ser tú misma, con tanta naturalidad como si tuvieses tiempo conociéndole; conviviendo como dos grandes amigos descubres que conforme la plática avanza el semáforo de las emociones se activa de inmediato, empezando por el color verde que denota permitir el trato, dejar que se acerque, que halague tus cualidades físicas, mientras por dentro tú haces lo mismo aunque no lo comentes abiertamente, más bien te vas dejando acariciar la vanidad.

Luego, un roce de manos como primer contacto con su piel, se envuelven en una mutua atracción que va de sonrisa en sonrisa, de copa en copa, los besos en la mejilla comienzan a llegar y la historia impresa en sus palabras de que tú eras la persona que quería conocer, que tienes todas las cualidades que no tan fácilmente se dejan ver en una mujer, con tu dulzura, tu talento, tu belleza inigualable, que ese es su momento, tal cual deben vivirlo en su máximo esplendor, acercándose un poco más a ti para que un abrazo fuerte acompañado de un seductor beso cerca del cuello, te derrita en su cuerpo.

Es ahí cuando del color verde pasa al amarillo ya que tu conciencia empieza a dictarte si lo que estás haciendo está bien o te estarás comportando de una manera impropia, para lo cual influye hasta la impresión que causarás al enigmático caballero que te atrapa con cada mirada que deposita en tu rostro; mientras más escuchas su voz, más te convences de querer disfrutarlo, por ello le acaricias la nuca, juegas con su cabello, gesto que te estremece porque su respuesta es bastante atrevida tocando tu rodilla con la suya para seguir con su mano que se desliza por tu pierna; el debate entre tus pensamientos contra lo que estás experimentando llega a ocupar un lugar relevante conforme los minutos pasan: la decisión de continuar en ese bello encuentro o parar de repente sin titubeo alguno.

Un solo movimiento dentro de la misma magia que te envolvió al inicio te da la respuesta pasando tempestivamente sin duda alguna al color rojo... Detectas el dorado anillo que adorna su anular, entonces cómo continuar si esto en lugar de hacerte sentir plena, sencillamente te llevará a saberte limitada en todas tus acciones, no podrás escribirle en cualquier momento, no llamarás al extrañarle o contarás con él en los momentos de mayor vulnerabilidad.

Antes de que quieras decir palabra alguna ya te pusieron cubre bocas, antes de que intentes correr a abrazarlo ya tienes una camisa de fuerza, antes de que quieras volar ya te cortaron las alas; por eso, cómo no sentir dolor cuando llega a tu vida, cuando te hizo vibrar tal cual hechizo produce efectos que te transforma, cómo no soltarte en llanto si la lluvia de estrellas que los cubrió en su encuentro quedaron todas estampadas en el suelo, cuando ya ni siquiera pudiste decir: ¡te quiero!

NUESTRA LUNA

Mirarte es una luz
en medio del obscuro camino
que ha atormentado mi vida.

Llegaste como un acompañamiento
entre tanta soledad,
sé que tu vida está hecha,
que ya no hay cabida
para un nuevo corazón.

Eres una ilusión, una ilusión
que siempre existirá, una ilusión
que de mi mente no cesará.

Continuaremos en una misma esfera
aunque tu vida se torne al Norte
y la mía al Sur.

Compartiremos una misma luna
en espacios lejanos,
que te acariciará en las noches,
recordándote que un amor al sur
palpita por ti, esperando un solo beso.

Eres una ilusión, una ilusión
que siempre existirá, una ilusión
que de mi mente no cesará.

COINCIDIR EN EL ESTRECHO CAMINO

Cuando la gran oportunidad de que nuestros hombros rozaran en la diminuta banqueta del callejón preciosa muñequita, hiciste renacer en mí el hombre que oculto en su guarida había permanecido inmóvil por varios años; cuando solo te imaginaba pasar cruzando por las calles de la ciudad, queriendo trazar la ruta de tus pasos para que te condujeran a mi casa, dejando la puerta abierta, unas rosas en el jarrón de la derecha, y a un lado de pie con los brazos abiertos listos para cargarte llevándote a mi sillón favorito, aquel que me ha refugiado infinitas veces idealizando tu figura, tu bella sonrisa, el color miel de tus ojos, alguna veces la suavidad de tus manos tocándome la espalda, otras recargando tus tiernos pies en mis piernas para acariciarlos ante tu cansancio matutino.

Estoy frente a tu fina persona sintiéndome en una nube que me traslada de un lugar a otro, aún no puedo comprender si lo que miro es una realidad o solo siguen mis anhelados pensamientos de todos los días trayéndote a mi vida para no sentirme tan solo. ¿Por qué me entorpece tu aparición? ¿Por qué ahora no puedo decirte lo mucho que te he esperado?

Pareciera que tus encantos me hipnotizaron con tanta premura que debiera evitar que el reloj avance haciéndote recordar los motivos que te trajeron a este mismo sitio, donde coincidir me alerta que la bella dama subjetiva en el viento es un nombre materializado en un formidable cuerpo que avivó desde mis profundas entrañas para salir corriendo de la guarida oculta que me mantuvo distante pero deseoso por alguna vez acercarme a ti.

Permitir que te vayas es inevitable, mientras, sigo pasmado admirando tus bellezas corporales sin poder correr a alcanzarte para derramar en tus oídos mi declaración de amor; tu proximidad enloqueció tanto mi mente que te aseguro está rebotando como pelota de ping pong, conmocionado por la avidez en mi persona, cuando un solo roce con tu cuerpo me recorrió en una interna llamarada presto para ser tu fiel compañero; cómo atreverme a pensar en perderte si todavía no estás conmigo tomados de las manos, cuando es más fácil sentir temor ya que tal vez no llegue a lograr que tus bellos ojos se quieran quedar mirándome siempre, o que tus brazos me aprieten cuando tenga frío: es un largo recorrido que me conduce a un abismo entre tú y yo.

QUISIERA

Quisiera decir cuánto te amo,
cuánto te agradezco las miradas dulces
que me regalas cuando te miro.

Quisiera conocer el sabor de tus labios,
para saciar mi sed con tus besos cada amanecer,
escuchando tu dulce voz,
susurrarme al oído.

Quisiera estar entre tus brazos,
quedarme en ellos todo el tiempo,
sentir que su calor cobija mi regazo.

Quisiera deleitarme con el aroma
que emana tu cuerpo
cada vez que me acerco, recorrerlo con ternura
y terminar en tus frágiles pies.

Quisiera decirle al mundo
que tu silueta es mi favorita,
que caminar junto a ella
sería tocar la gloria en los verdes campos.

Quisiera ser un juglar
para pronunciar asertivamente
un ramillete de palabras
que acaricien tu alma, enamorándote de mí.

Para que algún día en mí quisiera
se escuche unísono el tono
gritándome: ¡te necesito!

LA DISTANCIA OBLIGADA

Amor, lo que envuelve a la humanidad, lo que permite experimentar diversas emociones según sea el caso por el que se atraviese. Por ejemplo, cuando en un noviazgo, relación de pareja o un matrimonio tienen que separarse de manera temporal por alguna razón, pudiera simbolizar al principio un punto para ejecutar las actividades individualizadas con respecto a la profesión o vida laboral de cada uno, al igual que este espacio podría ayudar para reforzar la relación como tal, puesto que el estar lejos uno del otro permite darse cuenta de la importancia que tienen entre pareja. Sin duda que al estar juntos disfrutan de su compañía, se ayudan para realizar ciertas labores o sencillamente para hacerlas en menor tiempo, para aconsejarse, cumplir sus sueños, apoyarse, mantener un diálogo fluido; entonces una vez alejados uno del otro en distintos espacios, para mantenerse en comunicación se buscan alternativas que les ayuden a sentirse cerca, en las que continúen mostrando su interés, su preocupación, su respaldo y naturalmente, su amor.

Es donde los recursos tecnológicos, las plataformas digitales, redes sociales, etc. ayudan a acortar las distancias ya que se entablan diálogos sincrónicos y asincrónicos, les permite interactuar en varios horarios sin que esto afecte sus múltiples ocupaciones, dando como resultado que el contacto entre ambas personas no se pierda, aunque más que ello, lo primordial son las formas de interactuar, la profundidad de cada palabra mencionada, el cómo decirse te amo a través de la distancia y que los dos lo sientan con la misma intensidad.

A decir verdad, mientras más pasa el tiempo y no hay cambio o información precisa en cuanto al momento de volver a reunirse, dichas formas de entablar pláticas empiezan a hacerlos sentir que no son muy funcionales para lo que están necesitando, porque no logran trascender; se hace presente la exigencia de sus cuerpos por acariciarse, por abrazarse fuertemente cada minuto que pasa en el reloj. Luego, es la tristeza quien los abraza primero, volviéndose constante, a tal grado que empieza a desesperarlos, queriendo que los días pierdan horas ocultas en el transcurso de la noche para que al amanecer su melancolía huya por la ventana, y una buena noticia llegue sobre el anhelado reencuentro.

¡QUÉ TORMENTO!

Amarse como tal,
un corazón lleno de dulzuras,
una magia inigualable
una sonrisa siempre fiel,
un te amo envuelto en lealtad
y no, no poder estar juntos.

No tocar tus manos,
no acariciar tu cabello,
no besar tus labios
y continuar en un ¡te amo!

Continuar en un te amo sincero,
un te amo que vive para ti,
un te amo que te abraza con el alma,
un te amo que te espera hasta que mis ojos
puedan volver a mirarte y mis manos se postren en tu cuerpo,
para esta vez, no soltarte más.

EL CRUCE POR LA INDIFERENCIA

Cuando padeces algún tipo de sufrimiento debido a la poca responsabilidad sobre los actos o sentimientos de tu pareja, recae en ti la desdicha de sentirte devaluado/a ya que fue a quien decidiste brindarle tus tiempos, tu compañía, tu cariño, en pocas palabras, lo que eres como persona; sin embargo, después de toda la inversión en sus diversos ámbitos que realizaste mientras estaban juntos, resulta que de un día para otro todo se esfuma, en un abrir y cerrar de ojos ya no existe vínculo alguno.

Es decir, si ya decidieron concluir tu relación sin darte una explicación que lo justifique, te abandonaron a mitad del camino recorrido, dejaron de comunicarse contigo sin ser respaldado/a por una entrevista que te explicara lo que estuvo erróneo en tu actuar, que te mostrara la realidad desde una perspectiva que pudiera comprenderse en ambos sentidos, pues no te queda ya mucho por hacer, es cuando los mensajes se vuelven implícitos si todas las acciones te están diciendo a gritos que ya no eres de su interés. En resumidas cuentas, la ruptura de dicha relación te lleva a un hueco que atraviesa desde tu corazón, baja a tu estómago, te quita el hambre y por qué no decirlo, te hunde en una depresión en que solo quieres estar bajo las sábanas, que nadie se atreva a hablarte, tu mente se mantiene girando como rueda de la fortuna en un mismo sitio, preguntándote: ¿qué fue lo impropio que hice para desagradarle?, ¿por qué terminó conmigo?, ¿por qué se fue sin decir un adiós? Te quedas en una duda, donde esa rueda de feria solo es un acertijo que no sabes cuándo parará, cuándo el sufrimiento provocado se esfumará para dejar tu corazón sin cicatriz alguna, cruzando a otra frontera.

Entonces empiezas a sentir que algo en ti se ha modificado para llevarte a un estado mental insoportable, que te enfurece en demasía cayendo en uno de los diez mundos que nos comparte Lou Marinoff en su libro *Pregúntale a Platón* (página 130), tal cual es el infierno en función de lo que estás viviendo o pensando, él menciona: «Cuando ocurre algo terrible o simplemente desagradable, usted se disgusta o consterna. Cualquier inquietud, temor u otro malestar puede ser infernal. (…) Siempre que experimentamos dolor o sufrimiento, estamos en el infierno».

Así que sentirte molesto/a, con coraje, es reflejo del hecho de que diste lo mejor de ti, que te mantuviste a la expectativa de las necesidades que como pareja surgían, siendo reflexivo/a para que tu relación sentimental pudiera perdurar, lo cual requirió del pleno compromiso de ser tú mismo/a, incluyendo todos los elementos de tu casa espiritual, tales como los valores morales que te inculcaron desde tu infancia, con los que te fuiste desarrollando a lo largo de la vida, como tu fe, que te permitió fortalecerte para ser cada día mejor.

Por lo tanto, reconforta saber que no puedes controlar las acciones de los demás, ayuda a no sentirse tan mal, después de todo tú sabes que no actuaste de manera incorrecta, que seguiste tus principios para hacer que tu relación se desenvolviera en un entorno armónico.

Se vuelve importante mantenerte consciente de lo que gira a tu alrededor, donde tu inteligencia hará que puedas tomar las mejores decisiones en las circunstancias complicadas que tengas que resolver; así como de tu capacidad de juicio crítico para aceptar que hay una causa a cada suceso, que cuando llega a ti hay una razón de ser.

QUIERO

Quiero que cada una de mis caricias
te protejan el alma, se cierren todas
las heridas del pasado,
donde no haya una sola puerta abierta
al idilio de tus recuerdos que te
atormentan y limitan tu andar.

Quiero trazar el nuevo camino
hacia un mundo solo visto en la
fantasía de tus sueños,
ahora una realidad que te abraza constante
y te dice lo importante que eres para mí.

Quiero unir tus manos a las mías
en busca del secreto eterno, que nos permita
entregarnos todo ese amor albergado
en el fondo de nuestros corazones,
porque al conocernos
e ir descubriendo la dulzura
de nuestras formas, nos ha complementado
el uno al otro en una magia dulce
que no requiere palabra alguna.

EL ALIMENTO DEL ALMA

Todos los seres humanos nos identificamos por nuestras funciones vitales, en cambio nos diferenciamos en las formas de percibir el amor, desde el propio concepto, seguido por la manera de cultivarlo, hasta como perpetuarlo dentro de nosotros, sin barreras que limiten nuestro andar ni mucho menos nuestro sentir, elevándolo magníficamente cuando la persona amada ni siquiera tiene presencia física en nuestras vidas.

Para muchos, pensar en amor implica el tener la compañía del ser amado, mirarle, buscar su mejor sonrisa, sentir sus brazos rígidos abrazándote cuando se trata de sobreponerse a circunstancias lamentables; para otras personas, el amor nace desde la profundidad de su espíritu, albergándolo sin medida, sin tiempos que puedan concluir, sin la necesidad de que sea objetivo, sin que haya un cuerpo que tocar, unos labios que besar o unos brazos para refugiarse; es en sí la esencia de un amor que traspasa todas las fronteras, donde no existe impedimento alguno ni mucho menos terceras personas que puedan destruirlo ya que es tan fuerte que ningún tornado podría llevárselo.

Carece de bellezas físicas, encapsulando su glamour en las riquezas del alma, con espectaculares lluvias de bendiciones en palabras que te embelesan fielmente, proporcionándote el placer de sentirte magnánimo/a, dentro de un ambiente transparente con aromas purificados que irradian perpetuamente la luz para conducir tu camino.

Esa visión espiritual del amor te alimenta día a día, te devuelve todo lo que has brindado a otros seres desde el amor propio, te encapsulas en una formidable atmósfera mirando los colores nítidos de los bosques, los que ahora con cada movimiento de sus árboles te traen los vientos que acarician tu piel, con señales secretas para alojarse en tu acogido corazón que se expandirá rumbo a celestiales actitudes para dar amor, llevar amor y ser todo amor en cualquier esfera que se haga girar a tu alrededor, ya que la magia de tu envoltura es precisamente un amor que no reclama, que no exige, que solo alimenta, que te protege, que siempre fiel te hará dimensionar a tu persona para sentirte con un poder divino imparable.

RAÍCES DE AMOR

En el silencio del tiempo aquel
cuando solo nos une un enlace espiritual
nos sentimos protegidos,
sabemos que uno al otro toca nuestros hombros
se mantiene firme, subsiste y permanece.

Que reconforta la parte corporal que no existe,
que se satisface al pronunciar tu nombre
a quien tanto amo, llenando cada espacio
de mi ser, cada rincón de mi corazón,
con ese gran amor latente que tiene sus
raíces desde el amanecer brillante
que te acercaste a mí por vez primera.

El mundo no lo sabe, solo lo podemos ver, sentir, disfrutar
tú y yo, cual célula se reproduce y tus ojos no lo miran,
solo tu cuerpo es partícipe, sabes que funciona bien
pues se comunica contigo.

Saber que solo podemos vivenciarlo juntos,
porque tu alma y la mía cruzan sus caminos
unidos bajo el mismo cielo, que nos guía, nos protege
día a día, noche a noche.
No podemos dejar de vivirlo, es algo muy especial,
que persiste, difícil de entender, pero fácil de sentir,
sin ni siquiera tocar nuestros labios, nuestro cuerpo se
conserva
en el elixir de un sentimiento noble de amor.

Podemos amar sin pertenecernos,
podemos besar sin tocarnos,
podemos brillar sin alumbrarnos
más aún, podemos permanecer sin obligarnos.
Esa visión espiritual del amor
cubre toda necesidad del cuerpo
nos hace sentir sin acariciar
nos hace cantar sin nota alguna
y nos hace amar sin tener su ser contigo.

DESTELLOS NOCTURNOS

Si es en la sala de eventos, en el bar, en el hotel, en el restaurante, cada que nos encontramos me atrapa tu manera tan fresca de moverte entre las mesas, cómo circulas por los pasillos para atraer mi atención, es un juego encantador que por momentos debo detenerme para girar mi cuello o hasta mi cuerpo completo para encontrarte, así descubrir qué nueva personalidad me persigue. Cuando menos lo espero, tocando mi hombro estás, sin palabras, tomados de las manos decidimos caminar por las calles, cambiando constante de acera, cruzamos por el parque, cortamos las hojas de los árboles para aventárnoslas como lluvia de alegría, sabiendo que aun con el transcurrir de los días permanecemos en el mismo encanto de aquella primera vez, cuando no fue necesario que nos presentaran porque ver nuestros cuerpos redujo la distancia para el diálogo en la aclamada fiesta anual.

Por fin llegamos al bar de la avenida principal para tomar nuestra acostumbrada bebida, directamente en la barra para continuar jugueteando; a veces nos intimidamos por los acusadores ojos que se mantienen alrededor, pero nuestro momento es tan intenso que en lo posterior, visualmente eliminamos a toda esa gente del escenario; juegas con mi cabello que cae sobre mi frente porque es tu caricia preferida, con movimientos de tus manos desprendes la corbata que bajo mi camisa adornaba el atuendo, la que ahora en tu cuello está sirviéndome para sujetarla y de un solo golpe te acerque a mí para morder con suavidad tus pómulos que se sonrojan en cada trago, luego resbalas del banco pisándome, dejando nuestras piernas entrelazadas motivándonos a salir corriendo del ruido nocturno para convertirlo en un erótico lecho.

Decidimos que subirnos al requerido automóvil, los dos en el asiento trasero, lograríamos reducir las ansias por voltearnos uno al otro para recibir el mejor apretón tocando nuestros iliacos, corriendo el riesgo de que podamos eclipsar antes de llegar al departamento porque súbitamente el calor nos recorre desde los pies hasta la cabeza, cruzar las piernas nos serena mientras la multitud colorida de las diferentes luces de la ciudad traspasan por el cristal. con miradas y sonrisas de complicidad.

Cuando el auto se detiene, ambos salimos despavoridos de cada puerta para comenzar la escalinata más divertida, te sigo después de que has subido unos cinco escalones, te jalo del brazo para detenerte sujetándote de la cintura y deposito un gran beso en tu cuello, mientras lo saboreas he subido otros peldaños más cuando me alcanzas en el descanso, tu mano entra en la parte trasera de mi pantalón, pierdo el equilibrio cayendo en tus piernas dobladas que, ante tu esfuerzo por tocarme, se encontraban subiendo el escalón, así muerdes mi oreja izquierda, extraes las llaves para después con un ligero empujón dejarme en el muro, con paso acelerado subes para abrir la puerta, quedándote en la entrada con el brazo extendido recargado en el marco, tu pierna formando un arco porque la punta de tu mocasín se apoya en el quicio, logrando con ello que mis pupilas se dilaten para detenerse en las delicadas piernas que escondidas bajo tus jeans están.

Hacemos coincidir la mirada más intensa para introducirnos en la alcoba luego del tremendo azotón que recibió la puerta, como si fuésemos una sola persona por un abrazo de esos que marcan; alguien logra hacer sonar la melodía «Nervous the Neighbourhood», seguimos sujetándonos y en un vaivén vamos cambiando de dirección hasta que efusivamente caemos en la acojinada cama.

SEDUCCIÓN

Me haces sentir muy afín a ti,
concreto que inhalarte aun en la distancia
revela que subir la montaña escarchada a tu lado,
se derretirá bañándonos con sus aguas.

Cuando caminas hacia mí
tus piernas siguen un movimiento giratorio
que contornea en cada paso,
el sutil vuelo de tus brazos
deleitan el contorno de tu físico
que lo hacen diferente de toda naturaleza.

Te miras en el espejo de mis placeres,
adivinas el escondido beso que me excita
porque sabes que al caer en mi cuerpo
su locura te contagiará, luego,
personificaciones se mueven a mi alrededor
llevándome a tocar la luna en un lúcido destello.

Penetras tus inquietantes sensaciones en mi aposento
que gritando está por recoger todo el néctar
que se desprende de tu piel bronceada;
lentamente saboreo su goteo caramelizado
que me impregna los labios, esforzándome
porque su efervescencia no culmine en mis manos
sino dentro muy dentro de mí.

LAS MAÑANAS VACÍAS

Al no poder borrar el conjunto de acciones que debes realizar como el hombre de casa, tengo que salir temporalmente al jardín para que su aroma me impregne la serenidad que necesito en aras de continuar viendo al seductor varón que me enamoró, por momentos los colores de las rosas me inspiran a seguir apreciando que las bellezas en la vida no han dejado de existir, intento cortar algunas para llevarlas adentro, tras jalarlas, sus espinas penetran las yemas de mis dedos, me hacen sentir dolor, el mismo que por las mañanas me invade cada que tengo que detenerme en el hall para verte partir a tu rutina después del beso frágil que dejas en mi frente, donde solo puedo apreciar tus pisadas fuertes con un ritmo que te lleva a desaparecer de nuestra morada.

Recupero mi paz dejando ir la ira que queda al saberte lejos de mí, con el ramillete en las manos me vuelvo al interior para colocarlo en un jarrón de cristal cortado, que permita mirar sus tonalidades para que me hagan recordar la magia del amor en la naturaleza; aún preservando el dolor en los dedos, camino hacia la habitación para alistarme un día más, encontrándome con tu pijama a la que es inevitable dejar de acariciar, me gusta respirarla para guardarte en mi pecho, así sentir tu compañía a lo largo de las horas venideras.

Si algo más tengo para recordarte es el gran retrato del muro de la sala, que presenta la versión conquistadora con matices angelicales de tu ser, que me traslada a las cálidas sonrisas tras el mismo, en la tarde soleada que preocupados por arreglarse, dejamos que todo lo requerido en el exterior se desvaneciera para no interrumpir con los gratos recuerdos que estaban por imprimirse.

Después de la puesta del sol que empalma con tu arribo, llegas a buscarme directo al reposet para levantarme de mi descanso, porque el efusivo abrazo que tienes para mí es una joya preciosa que alivia toda espera, haciéndome recuperar de la matutina soledad, para envolverme como parte de tus regalos en esa alegría, para palpar tus manos sobre mi cuerpo con cada beso que me das, los que ahora tienen sed de mí, desde que ya no existen las manecillas del reloj para apresurarlos, por eso me devuelven todas las deudas pendientes por saldar.

SENTIRTE CERCA

¿Sabes de todas las noches que mis pensamientos
me ayudan a traerte de regreso a casa?
De esas madrugadas en que mi cuerpo te reclama,
que mis manos desean acariciar tu piel,
mis labios deslizarse sobre tu pecho,
mis ojos recorrerte una y otra vez
para encapsular tu imagen en un recuerdo
que se imprima infinito en mi mente.

Para alimentarme de ti, toda vez que tenga
la dicha de palparte,
así conservar el júbilo ante la espera continua de tu persona
que ha despertado el sentir de un corazón solitario,
guardián de los más profundos como sinceros sentimientos,
anidados como fuente de vitalidad
que permita enriquecer nuestro existir,
antes de volver a separarnos a la mañana siguiente;
con ello pueda quedarme nuevamente con tu aroma
que me atrapa,
que me conquista, que me despierta desde mis entrañas,
para volver a sentirme mujer entre tu masculino cuerpo.

LA GIGANTESCA MANGUERA OSCURA

Más que angustia, dolor en el pecho que se convierte en ardor quemándote por dentro el día que vives la partida del ser amado, entras en un túnel totalmente oscuro, indescifrable si tendrá un final, con ello todas las vivencias se vacían contigo, doblándote de rodillas, esa fuerza que te mantenía de pie pierde su voluntad, no eres más que una sombra agitada sin encontrar su lugar de ubicación, que puedas pensar si amanecerá para mirar una pequeña ráfaga de luz, cuando lo que habían construido juntos en un santiamén se hizo trizas.

Qué impotencia saberle ya sin vida: ¿cómo levantarle para que sonrían de sus curiosas tonterías cuando jugueteaban los fines de semana? ¿Cómo tomar su mano para correr por el jardín en las mañanas soleadas? ¿Cómo abrazarle encogidos en el sillón mirando el televisor cuando afuera solo el ruido de la lluvia persistía? Todo pensamiento es mucho más doloroso para aceptar que jamás podrás volver a palparle, que no tendrás ya la oportunidad de decirle lo mucho que le amas, te penetra hasta los huesos, el escalofrío recorre tu cuerpo, un llanto imparable que sencillamente no ayuda a devolverte la serenidad de un corazón alegre; si tu corazón está por completo destrozado, no existe un solo pedazo que se encuentre exento del dolor, está mutilado, como un rompecabezas que acabas de extraer de su caja y todas las piezas regadas por distintos lugares.

El alma desgarrada que no encuentra consuelo en ningún paraje, podrán estar a tu lado otros cuerpos presentes con su cariño inmerso en ti, para abrazarte, pronunciarte una palabra atinada, ofrecerte un acompañamiento continuo en tu difícil proceso de duelo, lo que no saben es que tu espíritu está tan herido que no reconoce las brillantes acciones de los demás, es como si no existieran en ese momento para ti, porque una vez que te has introducido a ese vacío, no eres capaz de percibir tu contexto exterior, el alrededor dejó de tener relevancia ya que tu solo sentir se ha encapsulado en el amor que llevas dentro para ofrendárselo donde juntos puedan continuar en ese mágico ambiente de saberse compenetrados uno al otro.

Pero, pese a tus intentos por verle de pie caminando junto a ti con sus tiernas palabras de amor encerradas en sus cálidos abrazos, una nube negra te arrebata su recuerdo, ya todo es inútil, no hay cabida para regalarse sus mejores miradas, la palabra juntos fue borrada de tu alcance. Te enfrentas a que en tu soledad los espectaculares de sus vivencias caigan sobre tu cabeza una y otra vez, cada que das un paso es un nuevo golpe en tu cuerpo, unas veces en tus hombros, otras en las piernas, finalmente en tus manos que estaban tan prestas para sujetarle, que ahora ni su aroma conservas; es polvo que el primer viento se lleva, es arena que el mar reclama, es la tierra que la planta necesita, es la lluvia para acrecentar el río, es el alma que partió de su cuerpo, y es tu dolor que te hunde sin tregua.

TU PARTIDA

Eras la luz de mis amaneceres y farol de mis anocheceres,
ternura en la intimidad de nuestros momentos de apego
sintiéndonos complementados;
ahora mis sueños confundidos en donde no asoma tu fina
sonrisa,
extrañar tu caminar alrededor de la cama
es solo una sombra que me despierta en las madrugadas.

El tiempo se vuelve perpetuo en el vacío de la habitación,
no como cuando podía recorrerte beso a beso,
me parecía un instante interrumpido por los
sonidos externos que anunciaban
el cumplimiento de nuestros deberes.

Agradezco al cielo una vida a tu lado
mas ahora una eternidad en su seno,
puedo mirarte nuevamente conmigo
solo que el recuerdo me quema, me consume,
entonces abandono la sala con tu presencia
para anclar mi dolor a esa imagen
mostrándome tu pureza, así como el
gran amor profanado a mi persona.

Aun cuando ya has partido en medio de un tórrido torbellino,
lo que ha quedado en mí es una minúscula energía
perdida en las profundidades del océano
tratando de llegar a altamar para encontrar
el nuevo rumbo que me lleve a tierra firme,
muy a pesar de que emprendo peripecias náuticas;
no logro la resignación de tu ausencia.

TOCANDO LAS ESTRELLAS

Aquellos amores que no pudieron consolidarse para poder estar juntos tienen la dicha de quedarse con ese sentimiento guardado en el lugar más seguro de su corazón, donde nadie logra extraer la mínima parte de ese sentir; es como un sello hermético que solo les pertenece, garantía de que al estar en la profundidad del espíritu es posible su existir, habitando sin renta alguna, también se vuelve factible porque solo quien lo lleva dentro sabe cómo alimentarlo, así que enaltecerlo es un privilegio único que devuelve la calma, después de que la congelante barrera que los separa es un precepto incorruptible.

Continuar sería como intentar invadir una propiedad privada que está cercada con hileras de alambre de púas en su jardín frontal, desde los primeros intentos de arribo ya tendrías los rasguños en las piernas, la ropa estaría rasgada sin duda alguna, hasta atorada que impediría moverte, así que aunque intentaras utilizar tus manos para salvarte, los araños, cortadas, lastimadas, serían evidentes al mirar la sangre gotear en el césped. De inmediato llegaría a tu mente la culpa seguida del remordimiento por atreverte a hacer lo indebido cuando en pleno conocimiento sabes que entrar a terrenos ajenos es un derecho que no te pertenece; así, las consecuencias serían totalmente catastróficas, poniéndote en evidencia para con los demás que con facilidad te expulsarían de su congregación física y mental.

Corrompiendo el conjunto de principios que te fueron formando en el transcurso de los años, decepcionante para todo tu gremio que miraba en ti una luz siempre dispuesta en el camino para alumbrar a los demás, una eminente personalidad, ejemplo del gran ser humano que no se derrumbó en tiempos difíciles.

Antes de continuar, un vistazo atrás sería lo idóneo para evitar condenarte a vivir dentro de la vileza, reservarte a mantener un amor a la distancia, dentro de un radiante concepto cristalizado de amar la esencia de la persona por el solo hecho de ocupar un espacio en el mundo, la divinidad de que su alma cruce por los mismos lugares, aunque en diversos tiempos, es un palpar del corazón que dibuja una sonrisa en el rostro al pensarle, porque sientes que su cariño, como el tuyo, están dentro de un rayo de luz celestial.

Quedarte en un acompañamiento que es invisible, basta con cerrar los ojos para sentirle cerca, que sus palabras escuchadas alguna vez te regeneran cada que le necesitas, que reproducir en tu mente su fiel mirada es la gratitud en su máximo esplendor, que guardar simbólicamente su corazón en el caparazón que se forma dentro de las manos unidas, es la fuerza que revive tu espiritualidad para amarle en secreto desde la pureza de tu interior.

TU RESPLANDOR

Acariciarte el alma es más una acción para glorificar
a tu persona,
puesto que tu unicidad ha hecho en mí
tener un suspiro rodeado de benevolencia,
como parte del amor que te profeso,
pues resulta un nutrimento a mi propio ser,
tal bienquisto de tu llegada a mi vida,
excelso por estar en un lugar especial del espíritu
que es quien otorga divinidad a nuestro cuerpo,
que lo mantiene exento de toda malicia,
convirtiéndose así en una joya que embellece
la comunión de mi pensamiento,
desde el amanecer hasta el ocaso
porque su pureza es inefable.

Cerrando los ojos, te respiro dentro de mí,
te palpo rozando tu piel, sintiendo su suavidad,
me quedo en tu rostro que es todo ternura,
provocando en mi un embeleso exquisito
que se refleja en vibraciones significantes
recorriendo por mis venas,
manteniendo latente este sentimiento de amor.

RECOPILACIONES

Un día tu rostro se torna lúcido por creer que es amor, cuando en un primer encuentro con la hermosa dama, las maravillosas formas de ser te hacen sentir halagado, al mismo tiempo que vas observando el conjunto de características físicas que embellecen su rostro, llevándote a decirle: **te espero con la libertad de amarte en plenitud** para unir mi camino a una sola brecha que nos mantenga juntos pese a la **incertidumbre de saber** que pudiera ocasionar el irnos descubriendo en nuestras diferentes facetas, sin embargo mi amor creció tanto **porque estás en mi corazón**, del lugar que no quiero apartarte, por eso te defenderé y no permitiré que las circunstancias externas nos afecten, pudiéndose llevar la alegría **cuando tus ojos despiertan a una nueva luz del día**.

Tú siempre me regalas una sincera sonrisa respaldada al dejar tu brazo en mi torso, sensibilizándome en que **los límites son de mis pensamientos** jamás de mis actitudes, así que debo iluminar mi mente para evitar caer en el fango o que me atasque, por lo que mi alimento diario es palparte para **mirar esa luz** que proviene desde tus pupilas, contagiándome de su fuerza para seguir abrazándote y que tu cuerpo pueda recargarse en mí como ese muro invencible, que no se derrumbe, porque no deseo que alguna vez te privaras de un **quisiera decir cuánto te amo**, más bien requiero que tus palabras permanezcan tan frescas como nuestros amaneceres, repitiendo una y otra vez que **amarse como tal** es un ejemplo sintetizado de la unión de nuestros corazones en una sola concepción, que nos da la fortuna de que la brecha que tomamos no tenga más entradas que nos lleven a salidas falsas, por lo que **quiero que en cada una de mis caricias** no solo cubra la necesidad de tu cuerpo sino también la de tu ser mujer, para que resalten tus inquietantes acciones que me motivan a que no exista ningún **silencio en el tiempo aquel** cuando solo se veía pasar a un solitario hombre que no cruzaba palabra, que su única compañera era la luna en los meses de octubre, porque siempre seguro me sentía en las noches, para que no pudieran percibir lo desencajado en las facciones de mi rostro.

Así que fue fácil apreciar los encantos femeninos de tu figura, puesto que al paso del tiempo ya me hacías **sentir muy afín a ti**, ya que coincidir en los gustos, en los pasatiempos, en las metas próximas nos permitió considerar que entrelazar nuestras manos sería acrecentar la fuerza para tener mejores resultados en futuros proyectos, decididamente me atreví a arrodillarme frente a ti antes de que pudiera **saberme de todas las noches que mis pensamientos** te trajeran a mí, arrepintiéndome por dejarte ir como un veredicto final en el supuesto andamiaje que el destino tuviera para mí, entonces ya no serías **la luz de mis amaneceres y farol de mis anocheceres**, porque hundido en plena melancolía como solían ser mis días continuaría vagando bajo la sombra de los árboles durante largos años hasta marcar mis huellas en la tierra, pero como tuve la dicha de haber sido flechado por un ángel, solo puedo corresponder para **acariciarte el alma, que es una acción para glorificar a tu persona** que me entrega lo mejor de sí, transformándome en un roble que ningún viento pueda destruir.

Tanto que ha perdido su brillo y resplandor porque se había convertido en una total oscuridad donde solías vivir antes de conocernos, que cada vez que recorrías los mismos senderos **nos separaban irremediablemente**, manteniéndote en una terrible soledad que era fácil por ello no mirar los rayos del sol sobre las copas de los árboles, ya que tu mirada siempre abajo denotaba tu **tristeza**, ambulando de un lado a otro sin parar, percibiendo un encierro vicioso que a veces al cambiar **de horizonte sin rumbo fijo** perdías la razón, la misma que ayudó a que llegaras al sitio donde me encontraba a orillas del río queriéndome refrescar con la corriente de agua, donde sentí acercarte sigiloso ya que percibí tus temores ante mi presencia.

Hacer que confiaras en mí fue mucho mejor, hasta gratificante porque mostraste tu caballerosidad al extender tus brazos, ayudándome a regresar por el camino correcto, donde el deseo embargó mis pensamientos alcanzando mis profundas sensaciones, para que nuestros cuerpos juntos se fundieran perdiéndose en un solo ser **lleno de amor**, a la vez que te escuchaba narrándome desde tus vacíos hasta la agobiante melancolía que a diario te acompañaba creyendo que limitando tus pensamientos **podías limitar tus sentimientos**, desapareciendo esa cortina que te cegó repetidas veces cuando al permitirme hablar, las diferentes tonalidades angelicales de mi voz estremecieron tu ser, creando una ilusión **que de tu mente no cesará**, suficiente para alojarme en tu corazón, acrecentando tu amor a partir de la fascinación del primer momento, que resultó ser para ambos una descarga energética, llenándonos de emoción hasta provocar que en tus ojos un goteo repentino se deslizara por tus mejillas **gritándome: ¡te necesito!** ahora y siempre entre mis brazos porque me has permitido conocer las maravillas ocultas detrás de la hermosa mujer que encendió las luces de mi entorno.

Igualmente convencida de que tus piernas me mostraban la seguridad en su caminar como la rigidez de tus manos para sujetarme, olvido todo **para esta vez no soltarte más**, sin que ello me lleve a equivocaciones que pudieran perturbar el instante de encantamiento del cual nos estamos afianzando, porque sentirnos el uno al otro es una magia dulce **que no requiere palabra alguna**, unimos nuestras manos como símbolo de la elección que hemos tomado rumbo a una espectacular vida juntos, comprometiéndonos a que cada uno se responsabilizará en mantener la armonía durante la convivencia, tanto que después de que colocas ese radiante anillo en mi anular, volamos en el viento por este sentimiento que nos hace cantar sin ninguna nota, **y nos hace amar sin tener su ser contigo**.

La pasión genera su acto de entrega que me regala poder deslizar mis dedos detrás de tu oreja, al mismo tiempo que mis labios hacen un recorrido desde tu frente hasta tu cintura, regresando a tus labios, que recíprocamente me cruzan por el cuello bajando a mi espalda, cuando susurrando al oído te digo: **dentro muy dentro de mí** sentirte para fundir los cuerpos, seguros de ser el uno para el otro hasta el final.

Cada que preguntas cómo debes hacer las cosas para que me brinden una permanente alegría con la intención de que tus ojos observen una sonrisa en mis labios, me halagas por el gran interés que denotas a que se preserve la paz entre ambos, por lo que también guiarte representa el agradecimiento a tan distinguidas formas de amar, **para volver a sentirme mujer entre tu masculino cuerpo**, con la preocupación de que si en algún momento dejara de mirarte o de recibir la dulzura de tus palabras, podría caer en la misma noche en la que tú viviste por años, donde se me haría difícil **lograr la resignación de tu ausencia**, ya que cada vez se van construyendo mejores episodios de nuestro existir en este paraíso, logrando que se me impregne mucho más en mi piel tu textura, en mi alma tu entrega y en mi corazón tu corazón, **manteniendo latente este sentimiento de amor.**

VOCABULARIO

Abismo: profundidad grande y peligrosa. Lo que es inmenso.

Avatar: galicismo muy empleado por vicisitud que significa cambio, sucesión de acontecimientos favorables y adversos.

Avidez: ansia o deseo muy fuerte e intenso de tener o conseguir algo.

Benevolencia: simpatía, buena voluntad de la persona además que es comprensiva y tolerante.

Bienquisto: que es apreciado y goza de buena fama, estimado.

Bioquímico: parte de la química que estudia la composición y las transformaciones químicas de los seres vivos.

Cesar – Cesará: dejar de hacer lo que se está haciendo; suspenderse, acabarse algo.

Efervescencia: agitación extremada, excitación.

Efigie: representación o imagen de una persona. Personificación, representación de algo real o ideal.

Elixir: medicamento o remedio con propiedades mágicas para curar una enfermedad o para prevenir un mal.

Embeleso: cautivar, encantar, seducir. Estado de la persona que siente un placer, una admiración o una alegría tan intensos que no puede pensar ni sentir nada más.

Erótico: relativo al amor sensual. Atracción y excitación muy intensas que se sienten ante ciertas cosas.

Estulto: tonto, necio o torpe de entendimiento.

Excitante: estimular, provocar, inspirar algún sentimiento, pasión o movimiento.

Excelso: muy elevado en importancia, dignidad o categoría.

Glamour: sinónimo de encanto, atractivo, por ende, estado atractivo o encanto que posee una persona o cosa que lo hace resaltar en el entorno que se encuentre.

Hall: recibimiento, pieza de una casa inmediata a la puerta principal de entrada.
Idilio: relación amorosa entre dos personas que generalmente es vivida con mucha intensidad y es de corta duración.
Indescifrable: que no puede ser comprendido o descifrado.
Inefable: que no se puede explicar con palabras.
Infame: que carece de honra, crédito y estimación.
Juglar: se remonta a la Edad Media. Así se llamaba a aquel que iba de pueblo en pueblo recitando, cantando, bailando o entreteniendo a la gente.
Linaje: conjunto de los antepasados o descendientes de una persona o de una familia
Magnánimo: que es generoso o desinteresado.
Náuticas: náutico(a), técnica y arte de navegar.
Ocaso: puesta del sol o de otro astro.
Ofuscamiento: nombre masculino-ofuscación; estado de la persona que sufre una pérdida pasajera del entendimiento y de la capacidad de razonar o darse cuenta con claridad de las cosas.
Penumbra: sombra débil entre la luz y la oscuridad.
Peripecias: cualquier accidente, peligro, evento o trance imprevisto o un cambio repentino en la situación.
Sigilosa: que actúa con discreción o silencio.
Sublime: excelente, admirable, que es extraordinariamente bello y produce una gran emoción.
Taciturno: callado, silencioso, melancólico.
Tregua: interrupción o descanso temporal de una actividad, un trabajo u otra cosa penosa.

REFERENCIAS BIBLIOGRÁFICAS

Alboukrek A. Fuentes S. G. (2005) Larousse Diccionario de Sinónimos Antónimos e ideas afines. 25ª reimpresión, México, Ediciones Larousse, S.A. de C.V.

Dermatini F. J. (2007) El efecto gratitud. 1ª edición, en Vintage Editorial Urano

García R. (1994) Pequeño Larousse en color. 1ª edición, Argentina, Ediciones Larousse Argentina, S.A.

Marinoff L. (2004) Pregúntale a Platón. 3ª reimpresión, Barcelona España. Editorial Byblos

Diccionario Español versión 1.9.28 (2014) Actualización Octubre 2020 Ofrecido por Smartpcx

https://conceptodefinición.de

https://www.significados.com

Lecturas recomendadas

Yo soy mujer maga (María Pereira Silva)

María (Colomba Barrera S.)

Mi encuentro con Dios (Elsa Maldonado)

Escritura emocional. Voces del alma (Ana Vásquez O.)

Afirmaciones y aformaciones positivas para tu cerebro (Carola Vital Osorio)

Mis días de resiliencia (Paty Silva)